BEI GRIN MACHT SICH IHR WISSEN BEZAHLT

Gestaltungskonzept für eine Webseite. Planung einer „Home & Interior"-Webseite mit Schwerpunkt auf Nachhaltigkeit und Green Awareness

Jan Moritz Behrens

Bibliografische Information der Deutschen Nationalbibliothek:

Die Deutsche Nationalbibliothek verzeichnet diese Publikation in der Deutschen Nationalbibliografie; detaillierte bibliografische Daten sind im Internet über http://dnb.d-nb.de abrufbar.

ISBN: 9783346471659
Dieses Buch ist auch als E-Book erhältlich.

Das Buch bei GRIN: https://www.grin.com/document/1043381

Einsendeaufgabe

Thema C:
**„Gestaltungskonzept einer Website zum Thema
‚Interieur & Design'"**

Modul: Mediengestaltung
Studiengang: Medien- und Kommunikationsmanagement
(B.A.)

SRH Fernhochschule Riedlingen

Jan Moritz Behrens
Abgabe am 06.02.2021

Inhaltsverzeichnis

1. Einleitung

Die Deutschen lieben ihr Zuhause: Einer Studie von PricewaterhouseCoopers aus 2019 zum Möbelmarkt in Deutschland[1] zufolge sind die Deutschen im europäischen Vergleich am ausgabefreudigsten – mit 23,7 Mrd. EUR (2017) ist der deutsche Möbelmarkt europaweit der umsatzstärkste. Der deutsche Möbelhandel soll laut PwC jährlich um ca. 1,3 Prozent wachsen (prognostizierter CAGR), berücksichtigt wurde allerdings noch nicht die Corona-Pandemie. Die Auswirkungen sind nicht umfassend abzusehen, doch es zeigen sich trotz der Krisenzeit Trends, dass das Interesse am Eigenheim und deren Verschönerung gestiegen sind. Die Baubranche verzeichnet im letzten Jahr ein Plus von vier Prozent ggü. Vorjahr[2], die Möbelindustrie rechnet trotz anhaltenden Lockdowns mit einem geringen Minus von 10 %[3]. Die Erhöhung der Zugriffszahlen auf Webseiten der *„Home & Living"* – schoener-wohnen.de bspw. konnte zwischen März und April die Trafficzahlen um 25 % steigern[4] – rechtfertigt für Medienunternehmen die Bereitstellung digitaler Angebote. Nachhaltigkeit spielt für die Branche in den kommenden Jahren neben digitaler Transformation, Individualisierung oder Urbanisierung eine gewichtige Rolle[5].

Diese Einsendeaufgabe wird sich im Verlauf mit der Vorstellung eines ganzheitlichen Konzeptes zur Entwicklung einer *„Home & Interior"*-Webseite mit dem Schwerpunkt auf Nachhaltigkeit und *Green Awareness* beschäftigen.

2. Aufgabe C1
2.1. Nachhaltigkeit und die Bedeutung für die Einrichtungsindustrie

In den letzten Jahren ist der gesamtgesellschaftliche Trend der Nachhaltigkeit in der Bevölkerung vorangeschritten und hat durch die politische Dimensionskraft – an dieser Stelle sei u. A. die ‚Fridays for Future'-Bewegung genannt – maßgeblichen Einfluss auf das Konsumverhalten. Die Bereitschaft, für Produkte mehr Geld zu investieren ist vorhanden: Knapp 65 % einer Umfrage der *IUBH Internationalen Hochschule* aus dem Juni 2020 geben an, dass nachhaltig produzierte und ökologisch fair gehandelte

---

[1] PwC Deals, Die deutsche Möbelbranche – Struktur, Trends und Herausforderungen 2019; www.pwc.de
[2] ZEIT Online, Trend zum Eigenheim verstärkt sich erneut, www.zeit.de
[3] Arbeitsgemeinschaft Die Moderne Küche e.V. (AMK); Die Möbelindustrie hat schnell auf die Corona-Krise reagiert und zeigt sich vergleichsweise robust; www.amk.de
[4] vgl. IVW, www.ivw.de

Produkte mehr kosten dürfen[5], dabei geben die Befragten den Preisspannen zwischen 11 und 20 % (23,7%), 1 bis 10 % (22,6 %) und 21 bis 30 % (14,8 %) als akzeptabel an[6]. Diese Entwicklungen beziehen sich sowohl auf Konsumgüter wie Lebensmittel oder Pflegeprodukte, aber auch auf Luxusgüter wie Möbel und Einrichtungsgegenstände. Im Markt schlägt sich das Umweltbewusstsein der Verbraucher in einer Erweiterung bzw. Veränderung des Angebotes nieder. Die Verbraucher schauen stärker auf umweltbewusste Produktion, natürliche und schadstofffreie Materialauswahl sowie faire Arbeitsbedingungen der Hersteller und Lieferanten. Dabei spielen für Verbraucher auch Begriffe wie *Upcylcing*, d.h. die Aufbereitung von gebrauchten Konsumgütern, oder *Second Hand* eine wichtigere Rolle. Der Handel ist sensibilisiert, was am Beispiel des deutsche Handelsunternehmens *Otto Group* deutlich wird[7], die seit Sommer 2020 die auf nachhaltige Einrichtung spezialisierte Eigenmarke *Otto products* setzen[8]. Auf der Webseite heißt es:

„Mit unserer neuen Eigenmarke setzen wir auf bewusstes Shoppen, den Einsatz von nachhaltigen Rohstoffen und den Schutz der Natur. Heute sind bereits viele unserer OTTO products zu 100% aus umweltfreundlichen Rohstoffen und in Zukunft werden es immer mehr! Wir haben den Anspruch, unser Sortiment stetig weiterzuentwickeln und noch nachhaltiger zu werden."[9]

OTTO ist neben *IKEA*[10] oder XXXLutz[11] ein Beispiel in einer Reihe von vielen Anbietern. An diesem Punkt setzt diese Einsendeaufgabe an, indem sie die Entwicklung eines Konzeptes für eine Webseite in den Fokus nimmt, das konsequent auf nachhaltige Einrichtung konzentriert ist und unter dem Namen *‚nature Living'* ausgearbeitet wird. Bevor auf die inhaltliche Dimension eingegangen wird, folgt eine Betrachtung der wesentlichen Anbieter digitaler Inhalte im Segment *‚Home & Interior'*.

---

[5] vgl. Statista – Das Statistikportal; Anteil der Deutschen, die folgenden Aussagen zum persönlichen Verhalten zum Thema Nachhaltigkeit (voll) zustimmen 2020; www.statista.com
[6] vgl. Statista – Das Statistikportal; Um wieviel Prozent dürfte ein nachhaltig und umweltschonend hergestelltes Produkt maximal teurer sein als ein konventionell erzeugtes Produkt, damit Sie es für einen Kauf in Erwägung ziehen würden?; www.statista.com
[7] OTTO; OTTO products - deine nachhaltige Alternative, www.otto.de
[8] möbelkultur; OTTO startet erste Home-&-Living-Kampagne in diesem Jahr; www.moebelkultur.de
[9] OTTO; OTTO products - deine nachhaltige Alternative, www.otto.de
[10] IKEA; Nachhaltigkeit darf kein Luxus sein.; www.ikea.com/de
[11] XXXLutz; Nachhaltigkeit – gemeinsam Verantwortung übernehmen; www.xxxlutz.de

2.2. Konkurrenzanalyse

2.2.1. *Schöner Wohnen*

Einer der konstanten Player im Bereich ‚*Home & Living*' in Deutschland stellt die Medienmarke *Schöner Wohnen* dar. Seit mittlerweile über 60 Jahren existiert der Brand am Markt: Anfangs lediglich als Zeitschriftentitel, entwickelt sich *Schöner Wohnen* im Laufe der Jahre zu einer umfassenden Einrichtungsmarke, die sich nicht nur auf redaktionelle Inhalte fokussiert, sondern die ihre eigene Markenreputation für erfolgreiche Diversifikation nutzt – vertrieben werden unter anderem Wandfarben oder Tapeten unter dem Namen *Schöner Wohnen* –, aber auch einen eigenen Shop mit umfassenden Angebot bei Möbeln, Beleuchtung und Dekoration implementiert hat. Mit *Schöner Wohnen Kollektion* steht den Nutzern außerdem ein sogenanntes „Wohnmagazin" zur Verfügung, dass Inspiration bei Einrichtung mit dem E-Commerce von Möbeln oder Textilien verbindet. Die monatlich erscheinende Zeitschrift aus dem Verlagshaus Gruner + Jahr hat laut IVW im vierten Quartal eine verbreitete Auflage von 171.958 Exemplaren, die Webseite *schoener-wohnen.de* verzeichnet im Dezember 2020 32,1 Mio. Seitenaufrufe[12]

Inhaltlich bedient *Schöner Wohnen* ein breites Spektrum, das nahezu alle Bereiche einer Wohnung oder eines Hauses betrifft. Eine Themenfokussierung ist nicht erkennbar, der User kann nach Räumen oder Einrichtungsstilen selektieren, wird beraten oder inspiriert, findet Artikel zur Renovierung oder Möbeln. Insgesamt lässt sich zusammenfassen, dass *Schöner Wohnen* innerhalb der Sparte ‚Home & Living' auf einer verlässlichen Marke aufbauend einen Alleskönner darstellt.

2.2.2. *ELLE DECOR*

ELLE DECOR ist der englischsprachige Onlineauftritt der hochpreisigen Zeitschrift *ELLE Decoration,* die in einem zweimonatigen Turnus im Burda Hearst Publishing Verlag entsteht. Wie das Magazin setzt die Webseite auf optische Opulenz, die sich in bildhaften Designkompositionen zeigen und den Anspruch der Marke *ELLE* unterstreichen. Stets finden sich auf den Bildern Möbel, Textilien, Pflanzen und Wandelemente, die unter einem bestimmten Thema stehen („These Are the

---

[12] vgl. IVW, www.ivw.de

Decorating Tips Top Designer Swear By"[13]). Hinter den Artikel stecken aufwendige Bilderstrecken, die Inspiration geben sollen und mit entsprechenden Links zu den Shops ausgewählter Händler führen. Der Content stellt primär Design in den Fokus, ist deutlich fokussierter auf diesem Thema. Renovieren oder nachhaltige Schwerpunkte sind unterrepräsentiert. Die Anmutung strahlt Wertigkeit und Eleganz aus, teilweise wirkt die *ELLE DECOR* – vor allem auf den Unterseiten – überfrachtet, da sich die unterschiedlichen opulenten Bilder gegenseitig die Aufmerksamkeit entziehen[14]

ELLE DECOR macht optisch wie inhaltlich deutlich, dass die Webseite für das Besondere steht, das einen entsprechenden Preis hat und spricht eine gutsituierte Zielgruppe an.

2.2.3. Herz und Blut

Der Blog ‚*HERZ&BLUT*' wird seit 2010 von den Schwestern Jules & Maria-Silva Villbrandt und Wilkin Schröder betrieben und stellt die neuesten Trends aus den Bereichen Interiordesign, Lifestyle, Food, Travel und Beauty zusammen. Die Site ist Partner Site des Magazins *Architectural Digest*. Der Aufbau der Webseite *herzundblut.de* folgt genau dieser Aufteilung, dabei steht das Thema Wohnen und Leben im Vordergrund. Die Berliner shooten unter anderem die Bilder in ihrem Studio, recherchieren für Artikel und Projekte außerhalb Berlins und veranstalten Networking-Events.

Die Aufmachung der Webseite mutet sehr elegant an, serifenlose Schriften dominieren und vermitteln in Kombination mit den in Naturtönen gehaltenen Fotos einen urbanen Stil. Die Motive entsprechen dem Leben einer Großstadt. Der Content der Site folgt außer der Unterteilung in die unterschiedlichen Rubriken keiner genauen Linie – von Möbeln, Beleuchtung oder Dekoration sind viele Themen vertreten. Alles wirkt hochwertig in Szene gesetzt, auf ungefilterte Ästhetik und Eleganz wird wert gelegt. Auffallend ist, dass die Vielzahl der Artikel eine Interior-Marke in den Fokus stellt. Da die Blog-Einträge mit Werbung gekennzeichnet sind, liegt nahe, dass bezahlte Inhalte vorliegen, aus denen sich der Blog finanziert. Links zu den entsprechenden Onlineshops finden sich am Ende der Einträge. Die überwiegende Anzahl der

---

[13] ELLE DÉCOR; THE 82 BEST HOME DECOR IDEAS, ACCORDING TO DESIGNERS; www.elledecor.com
[14] ELLE DÉCOR; Channel DESIGN + DECORATE; www.elledecor.com

Produkte ist dem hochpreisigen Segment zuzuordnen.

2.3. Konzept ‚*nature LIVING*‘

Die Betrachtung der Wettbewerber zeigt, dass sich Thema Einrichtung von verschiedenen Seiten genähert werden kann, eine konsequent auf nachhaltige Einrichtung ausgerichtete und reichweiten-relevante Webseite gibt es indes noch nicht. ‚nature LIVING‘ soll genau dies sein, was sich unter anderem bereits im Logo und dem Farbschema wiederspiegelt. Primärfarbe ist ein gedecktes Grün, das in abgeschwächter Form weitergeführt wird und als Sekundärfarbe ein Grau zur Seite bekommt. Die Farbe Grün steht in der Farbenlehre als Synonym für Natur und Verbundenheit zur Umwelt, außerdem gilt Grün als eine für die menschliche Wahrnehmung ruhige Farbe, die Leichtigkeit und Harmonie vermittelt. Ausgewählt wurde ein gedecktes Grün, das zusätzlich zu Beruhigung beitragen soll[15].

Abb. 1: Logo und Farbschema von ‚nature LIVING‘ (Quelle: eigene Darstellung)

Bei der Schrift wird auf serifenlose Schrift zurückgegriffen, die Gradlinigkeit und eine Wertigkeit unterstreicht und Minimalismus transportiert (Dabner et al., 2010). Nachhaltigkeit steht bei ‚Home & Interior‘ einerseits für natürliche Materialien, aber eben auch für qualitativ hochwertige Herstellung. Es ist also davon auszugehen, dass die Auswahl der Inhalte stets mit einer hochwertigen Segmentierung einhergeht[16]. Das Blatt greift schließlich als optisches Element die inhaltliche Ausrichtung auf und sorgt für eine Auflockerung des ansonsten sehr gradlinigen Logos.

---

[15] vgl. Tetras – Das grüne Farbspektrum; www.tetras.de
[16] vgl. Wohntrends 2021: Diese Einrichtung ist jetzt angesagt; www.gofeminin.de

Die Frage nach dem Erfolg am Markt stellt sich zwangsläufig. Wie bereits unter 2.1. ausgeführt entwickelt sich das Thema Nachhaltigkeit zu einem der Trendthemen dieses Jahrzehnts, die Politik treibt die Reduzierung von CO_2-Emissionen voran. Der weltweite Lebensstandard ist nach wie vor erhöht, 2019 haben die Deutschen auf Kosten von drei Erden gelebt („Ökologischer Fußabdruck")[17]. Doch der Sinneswandel setzt ein, da die globalen Wetterveränderungen immer deutlich zu Tage treten, 37% einer durch Ipsos durchgeführten Earth Day-Studie geben an, dies sei das schwerwiegendste Umweltthema. Die Politik verständigt sich auf verbindliche, globale Klimaschutzziele[17], bspw. in Form des Pariser Klimaabkommens[18]. Die Auswirkungen auf unser aller Leben führen in deutschen Haushalten verstärkt zur Frage, welchen Beitrag jeder Einzelne leisten kann – dazu zählen folgende Aspekte:

- **Nachhaltige Energieversorgung:** Der Bezug von Ökostrom ist zwischen 2016 und 2019 liegt bei 30 % gestiegen[19].
- **Umweltfreundliche Mobilität:** Zwischen 2019 (83.175 Neuzulassungen) und 2020 (136.617 Neuzulassungen) sind um 64 % gestiegen[20].
- **Ressourcensparender Konsum:** 68,2 % der Befragten einer Umfrage im Auftrag der Deutschen Verpackungsindustrie (dvi) geben an, bewusster zu konsumieren[21].

Die Gesellschaft implementiert nachhaltiges Leben also immer stärker in den Alltag, dabei ist Simplizität ein zentraler Aspekt. Dies schlägt sich einerseits im Bezug regionaler Lebensmittel, idealerweise in Bio-Qualität wieder, andererseits in der Langlebigkeit der Konsumgüter. Dass Umweltbewusstsein auch in den eigenen vier Wänden ankommt, zeigt eine Studie der Splendid Research: 75 % der Deutschen legen im Bereich Möbel Wert auf Nachhaltigkeit[22]. Die Zahlen zeigen, dass ein großes Interesse am Themenkomplex besteht, die Deutschen geben im europaweiten

---

[17] vgl. Statista – Das Statistikportal; Ökologischer Fußabdruck*: Anzahl der benötigten Erden, wenn die Weltbevölkerung wie die Bevölkerung der aufgeführten Länder leben würde; www.statista.com
[18] vgl. European Commission; Übereinkommen von Paris; www.ec.europa.eu
[19] vgl. Statista – Das Statistikportal; Bevölkerung in Deutschland nach Bezug von Ökostrom von 2016 bis 2019; www.statista.com
[20] vgl. Statista – Das Statistikportal; Anzahl der Elektroautos in Deutschland von 2006 bis 2020, www.statista.com
[21] Statista – Das Statistikportal; Was unternehmen Sie persönlich, um Nachhaltigkeit zu fördern und selber nachhaltiger zu leben?, www.statista.com
[22] Grün Wohnen; Inneneinrichtung – nachhaltig und gesund wohnen; /www.gruenes-zuhause.de

Vergleich für Einrichtung das meiste Geld aus. Mit ‚nature LIVING' soll das erste rein auf nachhaltige Einrichtung fokussierte Portal gelauncht werden, das dank ausgewogener Themenauswahl und praktischer Ausrichtung als erster Anlaufpunkt für nachhaltige Einrichtung gilt. Dabei sollen die folgenden Aspekte im Zentrum stehen, die eine erfolgreiche Präsenz am Markt garantieren:

- **Orientierung:** Informationen und Antworten rund um die Definition von Nachhaltigkeit bei Möbeln, der Herstellung und verwendeten Rohstoffen, sowie verlässlichen Verbrauchertipps, wie nachhaltige Möbel zu erkennen sind (bspw. bei Gütesiegeln).
- **Inspiration:** Visualisierung von Themenwelten, die sich mit dem Thema Umwelt und Nachhaltigkeit beschäftigen, u. A. Plastikvermeidung, Upcycling, Naturmaterialien. Die User sollen praxisnahe Tipps erhalten, wie Möbel kombiniert und in die eigene Lebenswelt integriert werden können.
- **Aktivierung:** Tipps und Tricks, wie mit einfachen Mitteln und handwerklichem Geschick der User selbst aktiv die Gestaltung seiner eigenen vier Wände vorantreiben soll.

Zusammenfassend lässt sich sagen, dass ‚nature LIVING' vor allem über die stringente inhaltliche Besetzung das Thema Nachhaltigkeit bei Einrichtung von Anfang an verfolgen und damit beim User als Experte unter den ‚Home & Living'-Anbietern wahrgenommen zu werden. Bevor wir auf das Design näher eingehen, wird nachfolgend die Marketingstrategie beleuchtet.

3. Aufgabe C2

3.1. Vorstellung des Marketingkonzeptes

Die Konzeptionierung von Webseiten steht und fällt neben der Gestaltung mit dem Erfolg der kommunikationspolitischen Maßnahmen. Ohne die mediale Aufmerksamkeit und Reichweite innerhalb der gezielten Anspruchsgruppen wird die Marktneueinführung höchstwahrscheinlich scheitern. Die Festlegung des Werbekonzept orientiert sich an der langfristigen angelegten Strategie der Webseite (Meffert et al, 2015). Meffert et al definieren die folgenden Schritte auf dem Weg zu einer erfolgreichen Kommunikation:

- Festlegen der Kommunikationsstrategie,
- Festlegen des Kommunikationsbudgets und Verteilung,
- Festlegen der Medienkanäle.

Die Festlegung der Kommunikationsstrategie muss klären, welche Botschaft welcher Zielgruppe über welche Kommunikationskanäle überbracht wird. Dies setzt voraus, dass sich einerseits das Corporate Design, aber auch die Inhalte in der Werbeansprache wiederfinden. In unserem konkreten Fall ‚nature LIVING' soll die Botschaft derart aussehen, dass der Unique Selling Proposition – die inhaltliche Fokussierung auf nachhaltig produzierte Möbel und Einrichtungsgegenstände – herausgestellt werden soll. Dies ist hilfreich, um die Marke sowohl gegenüber bestehenden Marktteilnehmer wie bspw. etablierten Crossmedia-Marken wie *Schöner Wohnen, LandLust* oder *WohnIdee* abzugrenzen, das eigene Profil frühzeitig zu schärfen und sich klar zum Zukunftsthema Nachhaltigkeit zu positionieren. Die Kampagne wird unter einem einheitlichen Claim ausgerollt:

LIVING nature mit ‚*nature LIVING'*!

Erstens sollen Menschen im mittleren Alten mit einem monatlichen Haushaltsnettoeinkommen von über 3.000 EUR, die im urbanen Umfeld leben, angesprochen werden. Zweitens junge Personen mit Interesse an Nachhaltigkeit und Umweltschutz.

- **Zielgruppe 1:** Erwachsene; zwischen 30 und 59 Jahre; HHNE >3.000 EUR
- **Zielgruppe 2:** Erwachsene, zwischen 19 und 29 Jahren, Interesse an Nachhaltigkeit

Aus der Erfahrung leben verstärkt Menschen mittleren Alters einen umweltbewussten Lebensstil, auch weil es um Produkte geht, die im Durchschnitt teurer sind als konventionell hergestellte Güter. Eine Studie zeigt, dass sogenannte LOHAS (= Life of health and sustainability) in Deutschland prozentual ansteigen, je älter sie werden[23]. Es kann davon ausgegangen werden, dass diese Personen den Lebensstil auch

---

[23] vgl. Statista – Das Statistikportal; Personen mit Gesundheits- und Nachhaltigkeitsorientierung (LOHAS) in Deutschland nach Altersgruppen im Vergleich mit der Bevölkerung im Jahr 2020; www.statista.com

finanzieren können. Bezogen auf die Auswahl der Themen kann im Einrichtungssegment davon ausgegangen werden, dass Produkte wie Möbel oder Textilien preislich im höheren Segment liegen. Die junge Zielgruppe sollte allerdings nicht außer Acht gelassen werden, da sie die Konsumenten der Zukunft darstellen und in Zukunft im Alltag noch stärker mit Umweltschutz und Nachhaltigkeit konfrontiert werden. Auch diese Zielgruppe gilt es anzusprechen. Außerdem spielt die Webseite auch Themen zu Recycling und Upcycling, die unabhängig vom Einkommen zu betrachten sind.

Die Festlegung des Mediabudgets ist ein wegweisender Schritt, da sich hieraus festlegen lässt, welche Medienkanäle aufgrund der Kosten überhaupt in Frage kommen. Für ‚nature LIVING‘ als neues Portal fokussieren wir uns auf Bekanntmachung über eine möglichst breite, auf Reichweite angelegte Kommunikation. Dies bedingt eine sechsstellige Summe im unteren bis mittleren Bereich – ich halte max. 200.000 EUR für realistisch. Aufgeteilt werden sollte das Budget auf digital und mobil ausgespielte Bannerwerbung (~40%), über Social Media Marketing (~25 %), allerdings auch punktuell über Printanzeigen (~25 %) und Maßnahmen am Point-of-Sale (~10 %).

Folgende Vorteile lassen sich aus der digitalen Werbeausspielung gegenüber Medien wie TV, Radio oder Print ziehen:

- geringere Werbekosten;
- geringeren Aufwand in der Gestaltung der Werbemittel;
- direkte Möglichkeit der Weiterleitung auf die Landingpage natureliving.de durch Klicken der Werbemittel;
- Möglichkeiten der Eingrenzung der Zielgruppe zur Verringerung von unnötigen Streuverlusten („Targeting");
- Möglichkeiten der performance-orientierten Kampagnenauswahl über auf Abschlüssen basierende Abrechnungsmodelle;
- Erfolgsmessung („Monitoring) ist deutlich einfacher;
- Veränderung der laufenden Kampagne.

Social Media Marketing garantiert über die klassischen Digital-Kampagnen den Zugang zu einer jungen, an Nachhaltigkeit interessierten Zielgruppe. Es bietet sich an, die Glaubwürdigkeit der Marke ‚nature LIVING' über eine mögliche Einbindung von bekannten Influencern zu steigern. Printanzeigen haben den Vorteil, dass sie von einer kaufkräftigen, im Schnitt etwas älteren Zielgruppe konsumiert werden. Eine Anzeigenkampagne in relevanten Einrichtungsmagazinen (Schöner Wohnen oder LandLust) erscheint sinnvoll (Meffert et al, 2015). Häufig ist die Platzierung der Anzeigen in nachhaltigkeitsnahen Rubriken möglich – bei der inhaltlichen Nähe zum Portal ‚nature LIVING' empfiehlt sich dies.

3.2. Maßnahmen zur Kontrolle

Das Controlling einer Werbekampagne zur langfristig erfolgreichen Messung des Kommunikationserfolges ist essenziell. Dabei steht immer stärker der wertorientierte Beitrag des Marketings zum Unternehmenswert im Zentrum (Meffert et al, 2015, S. 819). Die Messung des Brand Equity vor und nach einer Kampagne soll die Veränderung des Markenwertes und -images bestimmen. Dieses Verfahren kann bspw. über qualitative Interviewverfahren angefragt werden und bietet sich als übergeordnetes Tool zur Erfolgsermittlung der gesamten Medienkampagne an. Geht das Controlling auf die operative Ebene bieten sich vor allem die digitalen und mobilen Kommunikationskanäle für optimales und lückenloses Monitoring an. Die Implementierung von Pixeln innerhalb der Werbebanner misst die Klickraten in Relation zur Ausspielung der Werbemittel oder zählt die Weiterleitungen auf die Webseite. Hieraus lassen sich für ‚nature LIVING' kurzfristig große Vorteile ableiten, da abgelesen werden kann, wie die Werbebotschaften im alltäglichen Surfverhalten der User wahrgenommen werden und in wie weit darauf reagiert werden. Entsprechen die Zahlen nicht den Vorstellungen ist der Austausch oder die Unterbrechung der Kampagne flexibel handhabbar.

4. Aufgabe C3
4.1. Bedeutung des Corporate Designs

Das Corporate Design ist elementarer Teil der Corporate Identity und drückt sich aus als „das durch organisationsspezifische Leitlinien geformte visuelle Erscheinungsbild [...] der gesamten Kommunikation und aller Präsentationswiesen der Organisation" (Regenthal, 2009). Es spiegelt sich in einem strategischen Zusammenspiel aus

Marken-, Grafik- und Architektur-Design wider, ist also ein Zusammenwirken haptischer und rein visueller Komponenten (Birkigt et al, 1998). Die Visualisierungen der Webseite beziehen sich auf das in 2.3. vorgestellte Design und sollen dies über die digitalen Kommunikationswege verlängern. Das Design soll vor allem die inhaltliche Leitlinie der Marke ,nature LIVING' grafisch weiterführen. Einerseits transportiert das Farbschema die Themen Nachhaltigkeit und Umweltbewusstsein, andererseits soll die hochwertig anmutenden Schriften, die sich im Logo wiederfinden, den Aspekt der Architektur übersetzen. Diese Stringenz ist vor dem Hintergrund so wichtig, weil besonders mit der Einführung neuer Mediamarken – wie in dieser Aufgabe – Imageaufbau und Wiedererkennung besonders am Anfang so wichtig, damit ein langfristiger Erfolg garantiert werden kann und ein organischer Trafficzuwachs gewährleistet werden kann.

4.2. Visuelle Vorstellung der Website

4.2.1. Homepage

Die Homepage ist das Eintrittstor für die Website und vergleichbar mit dem Cover einer Zeitschrift. Der Einstiegsseite kommt eine enorme Bedeutung zu, da sie überwiegend die meistbesuchte Seite einer Webseite darstellt (Balzert et al, 2009). Daher sollte sich die Homepage einer Webseite deutlich abheben, sowohl von den Startseiten der Wettbewerber als auch im Gegensatz zu Unterseiten der gleichen Seite (Balzert et al, 2009). Weiter heißt es, dass der Wiedererkennungswert hoch sein müsse, damit der User motiviert wird, weiter auf der Webseite zu verweilen und diese zu durchstöbern. Zentral sind dabei die Fragen: „Wo befinde ich mich?" und „Was kann ich hier tun?". Der Anbieter sollte dies in der Darstellung der Angebote, Produkte oder Dienstleistungen tun und seine Alleinstellungsmerkmale deutlich herausstellen (Jendryschik, 2009).

,nature LIVING' setzt hier beim Farbschema auf das dominierende Grün, kombiniert durch die neutrale Farbe grau. Die Seite soll der Maxime folgen „Weniger ist mehr" und daher das Auge des Nutzers nicht überfordern. Einerseits gelingt dies durch Auswahl der vier Navigationspunkte „EINRICHTEN", „RENOVIEREN" und „UPCYCLEN", die kompakt die unterschiedlichen Schwerpunkte setzen. Darunter subsummieren sich schließlich Unterthemen, die tiefer ins Detail gehen. Der Aufmacher ist hier stets der zeitlich aktuellste redaktionelle Beitrag, der sich in seiner

Position – er steht prominent an oberster Stelle – und in seiner Größe von den nachfolgenden Themen abhebt. Durch die chronologische Anordnung wird dem Nutzer die Orientierung erleichtert.

Abb. 2: Skizze der Homepage von nature LIVING' (Quelle: eigene Darstellung)

Ein Suchfeld im rechten oberen Rand dient der Themenfindung, dies empfiehlt sich vor allem bei umfangreichen Webseiten, die bspw. über 100 Seiten verfügen (Balzert et al, 2009). Sie ist als interne Suchmaschine konzipiert, die innerhalb der Seite sucht und nicht von externen Suchmaschinen abhängig ist. Die Verlinkung zu sozialen Netzwerken ist in der heutigen Zeit nicht mehr wegzudenken, um vor allem junge Zielgruppen erreichen zu können. Für das Thema ‚Home & Interior', das sich stark über die Visualität inszeniert, kommen daher *Instagram*, *Pinterest* oder *Snapchat* in Frage, die einen großen Fokus auf die Verbreitung von Bildern legen.

Abb. 3: Layout der Homepage von ‚nature LIVING' (Quelle: eigene Darstellung)

4.2.2. Rubrikenseite

Die Konzeption einer durchdachten, für den User sinnvollen Navigation nimmt im Webdesign eine zentrale Rolle ein, da diese die gedankliche Leitlinie für den User darstellt, sodass dieser sich auf der Webseite möglichst intuitiv zurechtfindet (Balzer, 2004). Die primäre Navigation der Webseite ‚nature LIVING' findet in der Unterteilung der Rubriken „Einrichten", „Renovieren" und „Upcyclen" ihre Ausgestaltung. Auf der sekundären Navigationsebene finden dann entsprechende Themenschwerpunkte Platz, die in der dargestellten Rohfassung noch nicht entwickelt sind. Vorteile liegen in der transparenten Darstellung und Übersichtlichkeit der Webinhalte (Balzer, 2004).

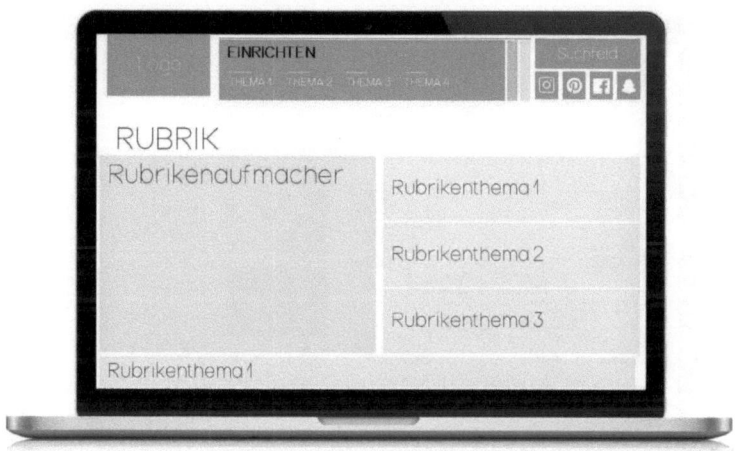

Abb. 4: Skizze der Rubrikenseite „Einrichten" von ‚nature LIVING' (Quelle: eigene Darstellung)

‚nature LIVING' setzte auf eine zweispaltige Aufteilung, linksbündig befindet sich im oberen Bereich der Rubrikenaufmacher. Analog zur Gestaltung der Homepage findet auch auf der Rubrikenebene in Größe und Platzierung eine Gewichtung der Artikel statt. Dem allgemeinen Lesefluss entsprechend – die Mehrheit der weltweiten Bevölkerung liest von links nach rechts – ist der aktuellste Artikel auf der linken Hälfte platziert und hebt sich von den drei nachfolgenden Artikeln deutlich ab. Rechtsseitig finden die weiteren Themen in drei länglichen Boxen ab. Dadurch erhält der User die neuesten vier Artikel auf einen Blick im direkt sichtbaren Bereich der Website und kann auf diese ohne weiteres Runterscroolen zugreifen. Die Usability zeigt, dass Inhalte im oberen Bereich stärker geklickt und wahrgenommen werden als Themen im nicht-sichtbaren Bereich.

Abb. 5: Layout der Rubrikenseite „EINRICHTEN" von ‚nature LIVING' (Quelle: eigene Darstellung)

4.2.3. Artikelseite

Auf der Artikelebene holt sich der User seinen inhaltlichen Mehrwert, hier entscheidet sich, ob die Qualität des Content so überzeugend ist, dass die User auch dauerhaft ‚nature LIVING' konsumieren wollen. Die Überzeugungsarbeit geschieht einerseits auf über die Inhalte, aber auch über die Gestaltung, die sich am Corporate Design der Webseite orientiert und mit der gleichen Logik weitergeführt werden. Zentral sind die grünen bzw. je nach Ebene auch grau hinterlegten Kästen, die die Inhalte einfassen. Die Artikel fassen den Text und die Bilder in dem Kasten ein, das jeweilige Artikelbild im oberen Bereich der Webseite nimmt einen prominenten Platz über die volle Bildschirmbreite ein. Grund dafür ist die Wichtigkeit der visuellen Komponente beim Thema Einrichtung. Ohne Bild fehlt dem User wie bei den meisten Themen rund um Ästhetik oder Kunst werden die Emotionen über Fotos und Wahrnehmungen gespielt. Die Headline des Artikels liegt auf dem Bild und wir zwecks Sichtbarkeit mit einer grünen Füllfarbe versehen. Der grüne Kasten wird nach unten weitergeführt und fasst den gesamten Text ein.

Abb. 6: Layout eines Artikels auf ‚nature LIVING' (Quelle: eigene Darstellung)

Abb. 7: Layout eines Artikels auf ‚nature LIVING' (Quelle: eigene Darstellung)

Literaturverzeichnis

Balzert, H. (2004); Webdesign und Web-Ergonomie; W3L-Verlag Herdecke/Witten; 1. Auflage; S. 35-54

Balzert, H.; Klug, U.; Pampuch, A. (2009); Webdesign & Web-Usability: Basiswissen für Web-Entwickler; W3L-Verlag Herdecke/Witten; 2. Auflage; S. 59-82

Birkigt, G.; Funck, H.-J.; Stadler, M. (1998); Corporate Identity – Grundlagen, Funktionen, Fallbeispiele; verlag moderne industrie; München; 12. Auflage (2013)

Dabner, D.; Calvert, S.; Casey, A. (2010); Grafik-Design-Kurs: in acht Lektionen zum Erfolg; Stiebner Verlag GmbH, München, S. 62-87

Hammer, N.; Bensmann, K. (2009); Webdesign für Studium und Beruf: Webseiten planen, gestalten und umsetzen; Springer Science & Business Media; Berlin/Heidelberg; S. 31-48

Jendryschek, M. (2009); Einführung in XHTML, CSS und Webdesign: standardkonforme, moderne und barrierefreie Websites erstellen; Addison-Wesley Verlag, München; 2. aktualisierte und erweiterte Auflage; S. 89-103

Meffert, H.; Burmann, C., Kirchgeorg, M. (2015); Marketing – Grundlagen marktorientierter Unternehmensführung, Springer Gabler, Wiesbaden; 12. Auflage; S. 569-596, S. 633-643; S. 693-729; 811-823

Regenthal, G. (2009); Ganzheitliche Corporate Identity: Profilierung von Identität und Image; Springer Gabler; Wiesbaden; 2. Auflage

Quellenverzeichnis

Arbeitsgemeinschaft Die Moderne Küche e.V. (AMK); Die Möbelindustrie hat schnell auf die Corona-Krise reagiert und zeigt sich vergleichsweise robust; https://www.amk.de/pressemeldung/die-moebelindustrie-hat-schnell-auf-die-corona-krise-reagiert-und-zeigt-sich-vergleichsweise-robust/; Veröffentlichung: 06. Juli 2020 (Zugriff: 02. Februar 2021)

ELLE DÉCOR;; THE 82 BEST HOME DECOR IDEAS, ACCORDING TO DESIGNERS; https://www.elledecor.com/design-decorate/interior-designers/g3183/home-decor-ideas/; Veröffentlichung: 20. August 2020 (Zugriff. 04. Februar 2021)

ELLE DÉCOR; Channel DESIGN + DECORATE; https://www.elledecor.com/design-decorate/

European Commission; Übereinkommen von Paris; https://ec.europa.eu/clima/policies/international/negotiations/paris_de

Gofeminin; Wohntrends 2021: Diese Einrichtung ist jetzt angesagt; https://www.gofeminin.de/wohnen/wohntrends-2021-s4020314.html#:~:text=Vintage%2DCharme%20ist%20Wohntrend%202021&text=Wer%20es%20lieber%20neu%20mag,oder%20Pampasgraswedel%20perfekt%20in%20Szene; Veröffentlichung: 06. Dezember 2020 (Zugriff: 05. Februar 2021)

Grün Wohnen; Inneneinrichtung – nachhaltig und gesund wohnen; https://www.gruenes-zuhause.de/inneneinrichtung-nachhaltig-und-gesund-wohnen/; Veröffentlichung: 25. Februar 2020 (Zugriff: 04. Februar 2021)

Herz und Blut; About Us; http://www.herzundblut.com/about (Zugriff: 03. Februar 2021)

IKEA; Nachhaltigkeit darf kein Luxus sein; https://www.ikea.com/de/de/this-is-ikea/sustainable-everyday/

Informationsgemeinschaft zur Feststellung der Verbreitung von Werbeträgern e.V. (IVW), http://ausweisung.ivw-online.de/index.php?i=101&a=p88225&sid=&mz1=0&mz2=-8&mz3=0&kat1=0&kat2=0&kat3=0&kat4=0&kat5=0&kat6=0&kat7=0&kat8=0 (Zugriff: 02. Februar 2021)

möbelkultur; OTTO startet erste Home-&-Living-Kampagne in diesem Jahr; https://www.moebelkultur.de/news/startet-erste-home-living-kampagne-in-diesem-jahr/

OTTO; OTTO products – deine nachhaltige Alternative, https://www.otto.de/shoppages/nachhaltigkeit/nachhaltig-shoppen/unsere-otto-products

PwC Deals; Die deutsche Möbelbranche – Struktur, Trends und Herausforderungen; https://www.pwc.de/de/handel-und-konsumguter/die-deutsche-moebelbranche-marktueberblick-2019_neu.pdf (September 2019, aktualisierte Fassung)

Schöner Wohnen, SCHÖNER WOHNEN-Hefttitel 1960 bis heute; https://www.schoener-wohnen.de/einrichten/34340-bstr-schoener-wohnen-hefttitel-1960-bis-heute

Statista – Das Statistikportal; Anteil der Deutschen, die folgenden Aussagen zum persönlichen Verhalten zum Thema Nachhaltigkeit (voll) zustimmen 2020; https://de.statista.com/statistik/daten/studie/1154612/umfrage/umfrage-zum-persoenlichen-verhalten-beim-thema-nachhaltigkeit-in-deutschland/ (Juni 2020)

Statista – Das Statistikportal; Um wieviel Prozent dürfte ein nachhaltig und umweltschonend hergestelltes Produkt maximal teurer sein als ein konventionell erzeugtes Produkt, damit Sie es für einen Kauf in Erwägung ziehen würden?; https://de.statista.com/statistik/daten/studie/1154639/umfrage/umfrage-zur-preisbereitschaft-bei-nachhaltigen-produkten/ (Juni 2020)

Statista – Das Statistikportal; Ökologischer Fußabdruck*: Anzahl der benötigten Erden, wenn die Weltbevölkerung wie die Bevölkerung der aufgeführten Länder leben würde; https://de.statista.com/statistik/daten/studie/588224/umfrage/oekologischer-fussabdruck-der-laender-mit-den-hoechsten-werten/ (2019)

Statista – Das Statistikportal; Bevölkerung in Deutschland nach Bezug von Ökostrom von 2016 bis 2019; https://de.statista.com/statistik/daten/studie/181628/umfrage/bezug-von-oekostrom/ (November 2019)

Statista – Das Statistikportal; Anzahl der Elektroautos in Deutschland von 2006 bis 2020, https://de.statista.com/statistik/daten/studie/265995/umfrage/anzahl-der-elektroautos-in-deutschland/ (März 2020)

Statista – Das Statistikportal; Personen mit Gesundheits- und Nachhaltigkeitsorientierung (LOHAS) in Deutschland nach Altersgruppen im Vergleich mit der Bevölkerung im Jahr 2020; https://de.statista.com/statistik/daten/studie/982618/umfrage/umfrage-unter-lohas-in-deutschland-zur-altersgruppenverteilung/ (Juli 2020)

Statista – Das Statistikportal; Was unternehmen Sie persönlich, um Nachhaltigkeit zu fördern und selber nachhaltiger zu leben?, https://de.statista.com/statistik/daten/studie/820385/umfrage/persoenliches-engagement-zur-foerderung-von-nachhaltigkeit-in-deutschland/ (März 2018)

Tetras; Das grüne Farbspektrum; https://www.tetras.de/das-gruene-farbspektrum/; Veröffentlichung: 23. Mai 2018 (Zugriff: 04. Februar 2021)

XXXLutz; Nachhaltigkeit – gemeinsam Verantwortung übernehmen; https://www.xxxlutz.de/c/nachhaltig

ZEIT Online, Trend zum Eigenheim verstärkt sich erneut, https://www.zeit.de/news/2020-12/26/trend-zum-eigenheim-verstaerkt-sich-erneut; Veröffentlicht: 26. Dezember 2020 (Zugriff: 02. Februar 2021)

Abbildungsverzeichnis

Abkürzungsverzeichnis

bspw.   beispielsweise

CAGR   Compound Annual Growth Rate

ggü.   gegenüber

IVW   Informationsgemeinschaft zur Feststellung der Verbreitung von Werbeträgern e.V.

u. A.   unter Anderem

BEI GRIN MACHT SICH IHR WISSEN BEZAHLT

- Wir veröffentlichen Ihre Hausarbeit,
  Bachelor- und Masterarbeit

- Ihr eigenes eBook und Buch -
  weltweit in allen wichtigen Shops

- Verdienen Sie an jedem Verkauf

Jetzt bei www.GRIN.com hochladen und kostenlos publizieren